AF356503

Décembre 1895

Étude de M⁰ SANONER, Commissaire-Priseur à Paris

27, RUE DE CHATEAUDUN, 27

VENTE

DE LA COLLECTION DE M⁰⁰ G...

COMPRENANT

Jouets Anciens

DES

XVIIᶜ XVIIIᶜ et XIXᶜ Siècles

Éventails imprimés de la 1ʳᵉ République

RELIURES ANCIENNES

BOITES BUVARD EN MAROQUIN ROUGE

DONT LA VENTE AURA LIEU

HOTEL DROUOT, SALLE N° 8

Le Samedi 21 Décembre 1895

A DEUX HEURES PRÉCISES

Mᶜ SANONER	MM. GANDOUIN
COMMISSAIRE-PRISEUR	EXPERTS
27, Rue de Châteaudun, 27	70, Faubourg St-Honoré, 70

CHEZ LESQUELS SE DISTRIBUE LE CATALOGUE

EXPOSITION PUBLIQUE

Le Vendredi 20 Décembre 1895, de 1 heure 1/2 à 5 heures

IMPRIMERIE ARTISTIQUE

E. MÉNARD & C⁺

Bureaux et Ateliers : Paris — 8, Rue Milton

CONDITIONS DE LA VENTE

La vente sera faite *expressément* au comptant.

Les acquéreurs payeront en sus des adjudications *cinq pour cent.*

L'exposition mettant le public à même de se rendre compte de l'état des objets, il ne sera admis aucune réclamation une fois l'adjudication prononcée.

JOUETS ANCIENS

1 — Chambre à coucher du Ier Empire en carton
gaufré et doré composé de : lit, table de nuit,
guéridon, bureau, psyché, commode, lit de re-
pos, chaise percée, deux fauteuils, tabouret de
pieds, deux vases en biscuit avec leur piédestaux.

2 — Époque Louis XIII. Marmite et son couvercle
cuivre rouge.

3 — Époque Louis XIII. Marmite et son couvercle,
cuivre rouge.

4 — Paire de souliers chinois en soie brochée.

5 — Époque Louis XIII. Joli fauteuil en noyer à
bras et pieds tors, garni d'étoffe de même époque.

6 — Époque Louis XV. Commode bois sculpté
doré, tiroirs en étoffe pailletée.

7 — Époque Louis XVI. Chaise en bois sculpté.

8 — Époque Louis XV. Table en chêne, à tiré-lire.

9 — Époque Empire. Cornet à bonbons, papier peint et doré.

9 *bis* — Époque Louis-Philippe. Petit écran mécanique : La Revue.

10 — Époque Louis-Philippe. Petit écran mécanique, théâtre avec personnages.

11 — 1er Empire. Commode acajou et bronzes ciselés et dorés.

12 — Époque Louis XV. Poêle et son cendrier en cuivre jaune et rouge.

13 — Époque Louis XV. Canapé en bois sculpté et doré, garniture en soie.

14 — Époque Louis XVI. Petite bouillote en cuivre jaune.

15 — Époque Louis XIII. Fontaine en cuivre rouge.

16 — Époque Louis XIII. Bassine à anses, cuivre rouge.

17 — Époque Louis XIII. Bouillotte, cuivre rouge.

18 — Second Empire. Poupée garnie de soie velours et dentelle servant de pelote.

19 — Second Empire. Poupée garnie de velours soie et dentelle servant de pelote.

20 — Époque Louis XVI. Petite écuelle et son plateau en carton peint et vernis dit Bergamotte.

21 — Second Empire. Shako de soldat.

22 — Époque Louis XVI. Cage avec oiseau, travail en perles de couleurs.

23 — Époque Louis XIV. Flambeau d'église en bronze ciselé.

24 — Époque Louis XIII. Paire de landiers en fer forgé.

25 — Époque Louis XVI. Filtre en argent à trois robinets.

26 — Casque en cuivre.

27 — Époque Louis XVI. Chariot de guerre en bois dit fourragère.

28 — Époque Louis XIII. Paire de flambeaux en cuivre.

29 — Époque Louis XIV. Jolie cornemuse en buis tourné.

30 — Autre cornemuse.

31 — Brouette en bois.

32 — Fer à repasser.

33 — Ier Empire. Poupée minuscule articulée.

34 — Époque 1840. Chapeau haut de forme.

35 — Époque 1850. Voiture en osier (modèle de charette).

36 — Époque Louis XIII. Partie d'armure en fer, casque morion, devant de cuirasse.

37 — Ier Empire. Grenadier, carton peint.

38 — Époque Louis XVI. Arlequin en paille de couleurs.

39 — xvie siècle. Joli fauteuil en bois sculpté et doré.

40 — Époque Louis XV. Bébé en carton peint vêtu d'un bonnet, chemisette, robe et tablier.

41 — Époque Louis XVI. Petit lit en bois.

42 — Barque en bois avec ses accessoires.

43 — Époque Louis XIV. Flambeau d'église, en cuivre.

44 — Époque Louis XVI. Équilibriste polichinelle en ivoire sculpté et tourné.

45 — Époque Louis XIII. Paire de souliers en cuir.

46 — Époque du Ier Empire. Sabre de cavalerie avec sa dragonne.

47 — Époque 1830. Parapluie.

48 — Poupée russe avec son chien, bois sculpté peint.

49 — Époque Empire. Brosse en forme de fer à repasser, bronze doré ciselé et nacre gravée.

50 — Militaire articulé, carton peint.

51 — Poupée russe, bois sculpté peint.

52 — Époque Louis XVI. Militaire, costume étoffe (garde française).

53 — Époque Louis XIII. Joli lustre en cuivre à douze lumières.

54 — Époque Louis XIII. Très joli petit fauteuil en bois tourné, garniture en soie ancienne.

55 — 1830. Deux paires de flambeaux en étain.

56 — 1830. Deux aiguières en étain.

57 — Époque Louis XIV. Très joli petit pistolet avec garnitures en fer et cuivre gravé. Longueur 0ᵐ07.

58 — Petite scie en bois.

59 — Étau en acier.

60 — Iᵉʳ Empire. Devant de cuirasse.

61 — Plumeau, manche ivoire.

62 — Époque Empire. Table-bureau acajou ornée de bronzes dorés.

63 — Époque Empire. Secrétaire acajou orné de bronzes dorés.

64 — Époque Louis XIV. Commode-coffret à bijoux en marqueterie, dessus en marbre.

65 — Époque Louis XVI. Petit plumeau en argent.

66 — Martinet, manche ivoire.

67 — Époque Louis XVI. Deux encensoirs en argent gravé.

68 — Iᵉʳ Empire. Poupée miniscule articulée.

69 — 1830. Petit sabre d'infanterie poignée en cuivre.

70 — Lampe antique étrusque en plomb provenant d'un tombeau d'enfant.

71 — Deux casseroles exécutées au marteau avec des centimes aux effigies de Napoléon III et de la république.

72 — Moulin à café en cuivre.

73 — Seringue en cuivre avec inscription française datée de 1663. Long. 0.045^m.

74 — Époque Empire, bougeoir avec son éteignoir en bronze ciselé et doré.

75 — Époque Louis XVI, rabot à doubles fers.

76 — Marteau en acier gravé manche ivoire.

77 — Époque Empire, balance bronze doré.

78 — Époque Louis XVI. Deux assiettes argent ciselé repoussé.

79 — Plateau en étain, ornements sur le marli.

80 — Époque Louis XVI, arrosoir en cuivre.

81 — Vieux Niederviller, assiette. Diam. 0.045^m.

82 — Poupée russe, bois sculpté peint.

83 — Sabre d'enfant 1er Empire.

84 — Sabre d'enfant 1er Empire.

85 — Sous ce numéro, divers écrans à main.

86 — Sous ce numéro, divers almanachs anciens.

87 — Almanach de la Cour pour 1783.

88 — Berceau de Louis XIV. Modèle en bois sculpté doré de l'époque de la naissance du Roi qui a servi pour les armes données à la ville de Saint-Germain-en-Laye. Objet unique.

89 — Modèle de bassinoire cuivre rouge, hampe en bois tourné. Époque Louis XV.

90 — Modèle de bassinoire analogue à la précédente, plus grande, de même époque.

ÉCRANS ANCIENS

91 — Deux écrans à main ornés de gravures coloriées. Époque Louis XV.

92 — Deux autres. Époques Louis XVI, avec gravure en couleur.

93 — Écran à main incroyable. Époque Première République.

94 — Deux écrans à main. Époque du Ier Empire, ornés de gravure.

95 — Deux autres.

96 — Écran mécanique avec vues de Paris en couleur. Époque de 1830.

97 — Autre avec vues de château.

98 — Autre avec vues de Suisse.

99 — Deux écrans avec acteurs et actrices. Époque de 1830 à 1840.

100 — Grande reliure buvard, maroquin rouge dorée aux petits fers. Époque Louis XVI.

101 — Deux autres un peu plus petits.

102 — Grande boîte forme volume, maroquin rouge, dorée aux petits fers.

103 — Autre analogue à la précédente.

104 — Deux autres plus petites, maroquin rouge armoriées.

105 — Deux petits buvards grain long, rouge, dorés aux petits fers. Époque de 1820.

106 — Deux autres plus grands de même époque.

107 — Huit boîtes de diverses tailles. Époques Louis XV et Louis XVI, en maroquin rouge, armoriées et dorées aux petits fers.

ÉVENTAILS ANCIENS

108 — Éventail. Époque Louis XVI, peinture à la gouache-pastorale.

109 — Autre de la Première République avec ouverture des états généraux.

110 — Autre Première République : La Fille courageuse.

111 — Autre, même époque : Prise de Toulon.

112 — Autre, même époque : Le Temps donnant les Cendres au clergé.

113 — Autre, révolution espagnole de 1812.

114 — Autre, époque du Ier Empire avec sujets allégoriques.

115 — Divers éventails de ces mêmes époques ornés de sujets divers.

MODÈLES ANCIENS DIVERS

116 — Meuble à quatre tiroirs.

117 — Petite table quatre pieds, tiroir.

118 — Table ronde pliante.

119 — Porte-montre, forme secrétaire.

120 — Petit berceau Louis XIII.

121 — Petit écran Empire.

122 — Toilette Empire.

123 — Petite chaise.

124 — Chaufferette.

125 — Sous ce numéro, les objets omis.

126 — Sous ce numéro, divers meubles anciens et objets d'arts.

www.ingramcontent.com/pod-product-compliance
Lightning Source LLC
LaVergne TN
LVHW010915180726
843502LV00010B/4132